gespräche mit jonas

..machen Mut zum Leben

Momente voller Freude

Mein Tagebuch vom Mut zum Leben

Wolfgang Nicolaus

Bibliografische Information
der Deutschen Nationalbibliothek:
Die Deutsche Nationalbibliothek verzeichnet diese
Publikation in der Deutschen Nationalbibliografie;
detaillierte bibliografische Daten sind im Internet über
http://dnb.dnb.de abrufbar.

© 2022 Wolfgang Nicolaus,
Mail: opanic@web.de
www.gespräche mit jonas.de

Titelbild: Jens W. by Pixabay

Herstellung und Verlag:
BoD – Books on Demand, Norderstedt
ISBN: 9783739243214

Ich bin ein besonderes Tagebuch!

Schreibe hier bitte nur das hinein,
was und wer dein Leben bereichert.

Schreibe in der Liebe zu Menschen,
die dich unterstützen und so annehmen
wie du bist. Es sind mehr als du denkst.

Wenn du zwischendurch wieder hineinliest,
wirst du feststellen, wer in schwierigen
Zeiten bereit ist dich bleibend zu begleiten.

So wird sichtbar, das Liebe das Fundament
für Mut zum Leben ist.